perguntas
e respostas
curiosas sobre...
# Os animais

Dados Internacionais de Catalogação na Publicação (CIP)
Angélica Ilacqua CRB-8/7057

De la Bédoyère, Camilla
    Os animais / Camilla de la Bédoyère; ilustrações de Pauline Reeves; tradução de Ana Uchoa. – Barueri, SP: Girassol, 2019.
    32 p.: il., color. (Perguntas e respostas curiosas sobre...; 4)

ISBN 978-85-394-2357-6
Título original: Curious questions & answers about... Animals

1. Animais – Literatura infantojuvenil 2. Biologia – Literatura infantojuvenil 3. Perguntas e respostas infantis I. Título II. Reeves, Pauline III. Uchoa, Ana IV. Série

19-1896                                                                 CDD 028.5

Índices para catálogo sistemático:
1. Animais – Literatura infantojuvenil 028.5

Copyright © Miles Kelly Publishing Ltd 2019

Publicado no Brasil por
Girassol Brasil Edições Eireli
Al. Madeira, 162 – 17º andar – Sala 1702
Alphaville – Barueri – SP – 06454-010
leitor@girassolbrasil.com.br
www.girassolbrasil.com.br

**Diretora editorial**   Karine Gonçalves Pansa
**Coordenadora editorial**   Carolina Cespedes
**Assistente editorial**   Talita Wakasugui
**Tradução**   Ana Uchoa
**Diagramação**   Estúdio Asterisco
**Reprografia**   Stephan Davis, Callum Ratcliffe-Bingham

Impresso no Brasil

# O que é um animal?

Os animais são seres vivos que fazem coisas como estas...

### ① Têm bebês

Todo animal pode gerar um novo ser igual a ele – isso se chama de **ter bebês** ou **reprodução**.

### ② Respiram

Para levar ar ao corpo, os animais **respiram**. O corpo precisa de um gás chamado oxigênio para continuar funcionando.

### ③ Exploram

Um animal usa os **sentidos** do tato, paladar, olfato, visão e audição para saber o que acontece ao redor.

Que folhas gostosas!

# Por que crocodilos comem pedras?

Porque eles engolem de uma vez suas refeições carnudas, e as pedras ajudam a moer o alimento na barriga!

Os crocodilos são um dos maiores carnívoros (ou comedores de carne). Nós comemos peixe, aves, rato, cobra, lagarto e até cervo e porco.

## Por que flamingos são rosa?

Os flamingos são cor-de-rosa porque comem camarões cor-de-rosa que vivem em lagos MUITO salgados! Eles comem com a cabeça para baixo.

Você vê algum outro comedor de cabeça para baixo aqui?

# O que são os sentidos?

Os sentidos são formas de o corpo descobrir o mundo. Os animais os usam para achar comida, encontrar caminhos, evitar perigo e fazer amigos. Os 5 principais sentidos são **audição**, **visão**, **olfato**, **paladar** e **tato**.

## AUDIÇÃO

Orelha

### Os insetos têm orelhas?

Sim, e muitos ouvem melhor que os humanos, mas as orelhas podem ficar em locais estranhos! Sou um grilo, e minhas orelhas ficam nas patas.

## TATO

### Para que servem os bigodes?

Os bigodes de um gato são supersensíveis. Eu os uso para sentir coisas: eles podem me dizer se o local por onde quero passar é pequeno demais para mim.

## Como as cobras sentem cheiro?

As cobras usam a língua. Elas as balançam no ar para detectar qualquer cheiro atraente!

OLFATO

PALADAR

Por que lamber um sapo é uma má ideia?

*Eu produzo uma gosma de gosto ruim na minha pele, que impede os animais de me comerem.*

VISÃO

## Todo animal tem dois olhos?

Alguns têm mais de dois! Muitas aranhas têm oito, mas as aranhas-de-caverna não têm nenhum. Elas moram em cavernas onde sempre está escuro.

9

# Você sabia?

O **fulmar** é uma ave marinha fedorenta. Ela cospe um óleo fedido em quem chega perto demais.

A **girafa** é o animal terrestre mais alto do planeta.

As **lagostas** têm sangue azul e alguns cães têm língua azul.

Quando um **tubarão-tigre** quer mergulhar, ele tem que arrotar primeiro!

Um **ouriço-do-mar** é coberto de pés minúsculos. A boca dele fica no bumbum!

O **polvo-mímico** pode mudar de forma e cor. Ele pode fingir ser um peixe ou cobra marinha.

**Abelhas** gostam do cheiro e do gosto do suor humano!

A **esponja** é uma estranha espécie marinha. Se uma delas é quebrada em pedaços, ela é capaz de se recompor.

O **escaravelho** é o animal mais forte da Terra. Se fosse do tamanho de uma pessoa, poderia puxar 6 ônibus cheios de gente!

Uma **aranha** come 2 mil insetos por ano.

**Sapos australianos** se cobrem de gosma para, quando as moscas pousarem neles, elas ficarem presas e eles poderem devorá-las.

**Abelhas** balançam o bumbum numa dança maluca para dizer umas às outras onde achar as melhores flores.

**Hipopótamos** não bocejam só quando estão cansados. Também bocejam por sentir raiva ou medo.

A **baleia-azul** come milhões de camarões cor-de-rosa, por isso seu cocô é rosa e pode ser maior que você!

O **bagre** usa todo o corpo para sentir gostos. Sua pele é coberta de papilas gustativas.

11

# O que tem dentro de um animal?

Se você tivesse que construir um animal do zero, aqui está o que iria precisar...

*Coluna*

### ① Estrutura

Muitos animais grandes têm um **esqueleto**, uma estrutura de ossos sob a pele. Os animais menores têm um exterior resistente, como uma concha ou uma pele forte, chamado **exosqueleto**.

*Costelas*

### ③ Funções internas

Partes macias e moles do corpo, os órgãos, desempenham funções como pensar, respirar e transformar comida em energia.

*Cérebro*

*Cauda*

*Pulmão*

*Fígado*  *Coração*

12

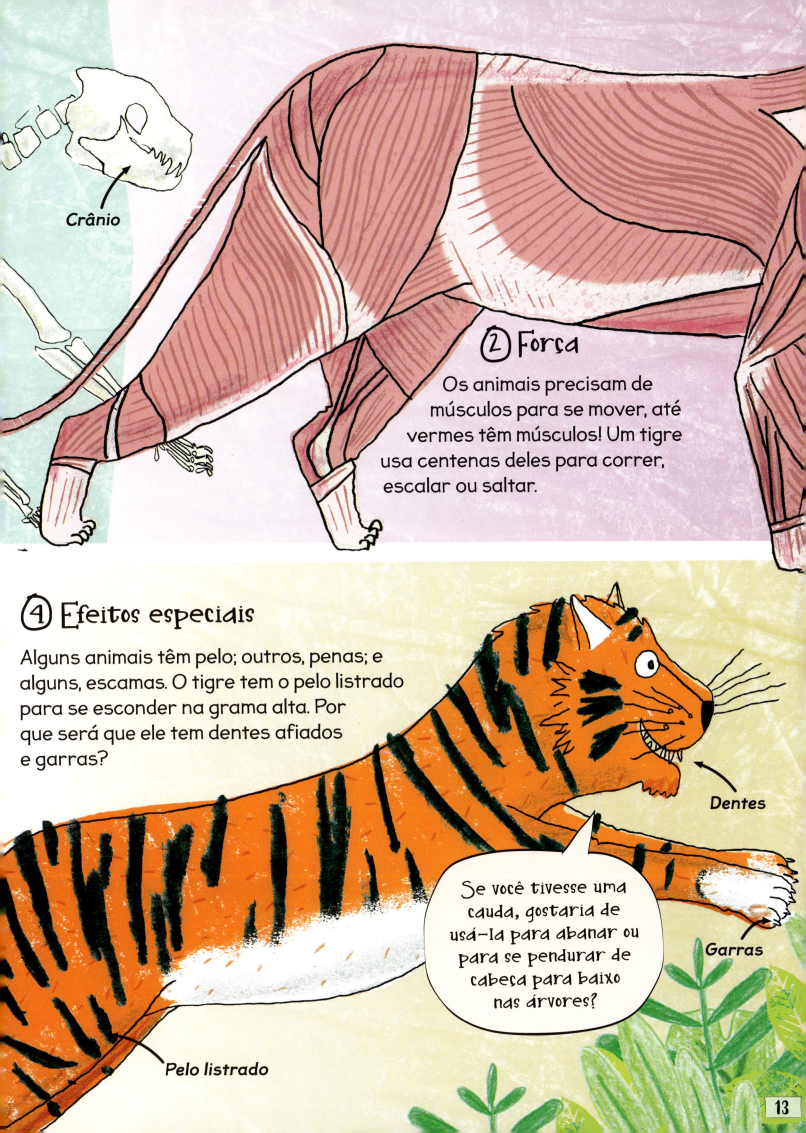

# Por que você é azul?

Cores e desenhos embelezam os animais! Também podem fazê-los parecer assustadores ou ajudá-los a se esconder.

**Polvo-de-anéis-azuis**

> Minha cor é um sinal de perigo. Quando estou com medo, círculos azuis aparecem na minha pele. Eles são um aviso de que posso matar com veneno.

*Borboleta-azul*

## Perigo ou disfarce?

Alguns animais se misturam ao ambiente. Isso é chamado de camuflagem. Outros têm cores e desenhos que alertam os inimigos para ficarem longe. Quais destas espécies usam camuflagem e quais usam cores de alerta?

*Rã-morango*

*Cavalo-marinho pigmeu*

# O que você prefere?

O inverno está chegando! Você prefere viajar para algum lugar quente, como a **andorinha-do-barranco**, ou se enrolar e dormir, como um **arganaz**?

Você prefere ser pintado como um **leopardo** ou listrado como um **tigre**?

É melhor ter um pescoço longo, como uma **girafa**...

... ou muitos braços, como um **polvo**?

Você é tão fofo!

A girafa usa o pescoço para alcançar folhas em árvores altas. O polvo usa os braços para se mover, tocar, experimentar e capturar comida.

Se você fosse um filhote, preferiria ficar na bolsa do pai, como um **cavalo-marinho**, ou na bolsa da mãe, como um **canguru**?

# Por que as aranhas dão cambalhotas?

GIRAR

A **aranha do deserto**, que tem de andar pela areia quente, dá cambalhotas para os pés não queimarem!

Você consegue pular bem alto?

PULAR

SALTAR

Nós, cangurus, podemos saltar até 3 metros de altura, mas não podemos andar ou recuar.

Com que rapidez os guepardos correm?

O guepardo é o animal mais veloz do planeta. Pode atingir até 100 quilômetros por hora.

① Feito pra correr

O corpo do guepardo está cheio de músculos pequenos, mas poderosos.

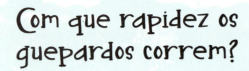

# Por que os guepardos correm rápido?

Como muitos caçadores, os guepardos aceleram pra valer quando querem pegar o almoço! O antílope que eles caçam precisa ser rápido também, se quiser escapar.

## Por que as tartarugas são tão lentas?

As tartarugas andam devagar porque não precisam de velocidade para pegar o almoço: elas comem grama! E não precisam ser rápidas para fugir do perigo porque seus duros cascos as protegem como uma armadura.

② **Passos largos**
O guepardo tem a coluna flexível e patas compridas e finas.

③ **Salto grande**
Todos os quatro pés do guepardo saem do chão enquanto ele corre.

**Por que o caranguejo anda de lado?**
O jeito como as patas dele se dobram não o deixa andar para a frente!

**Quem está brincando de estátua?**
Durante o dia, o urutau não se move nem um pouco! Ele finge ser um galho. À noite, ele voa, caçando insetos para comer.

# Quantos?

Um polvo tem **3** corações, mas uma minhoca tem **5**.

Uma lula tem **2** tentáculos... ...e **8** braços.

As lontras marinhas têm **800 milhões** de pelos no corpo.

O canguru-arborícola pode saltar **30** metros de uma árvore até o chão.

O leopardo-das-neves pode atingir mais de **10** metros em um único salto.

Uma cobra pode sobreviver até **6** meses sem comer.

A língua de uma girafa mede **45** centímetros.

**20** É o número de horas que as preguiças, os coalas e os leões podem dormir por dia.

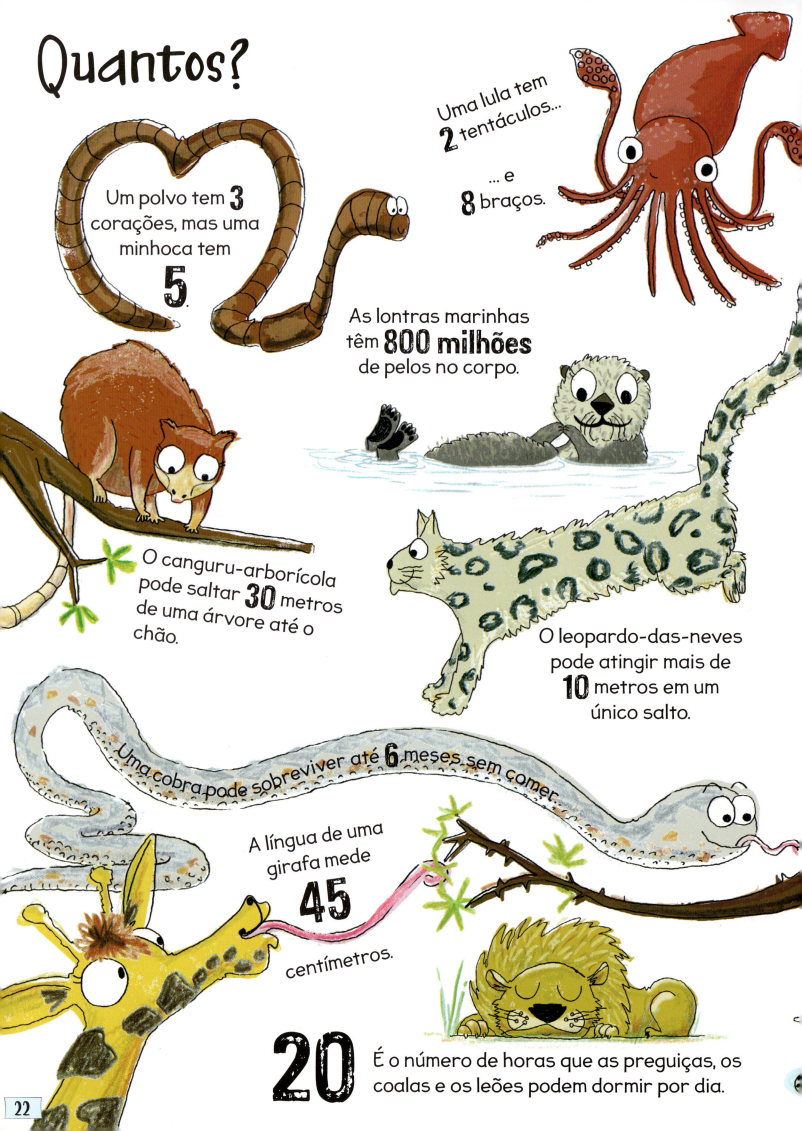

**500 mil**

É o número de quilômetros que um trinta-réis-das-rocas pode voar sem parar para descansar.

As borboletas-monarcas podem fazer viagens incríveis: uma delas voou mais de **4 mil** quilômetros para botar os ovos!

**4**

É o número de asas que uma abelha tem.

**1**

É o número de horas que um caracol leva para percorrer apenas **1** metro.

É o maior número de patas já contado em um piolho-de-cobra.

**750**

Um sapo-boi fêmea pode pôr **35 mil** ovos por vez.

**36**

É o comprimento, em centímetros, do maior inseto do mundo – uma espécie de bicho-pau chamada Phobaeticus chani.

# Tem alguém em casa?

Sim! A casa de um animal é um lugar seguro onde ele pode cuidar de sua cria. Ela é chamada de habitat e pode ser tão grande como um oceano ou tão pequena como uma folha.

### Quem mora em uma casa feita de cuspe?
Jovens cigarrinhas constroem uma casa de espuma em torno de si! O "cuspe" as mantém seguras enquanto crescem.

### Por que sapos gostam de água?
Porque eles precisam colocar seus ovos nela, já que seus filhotes crescem na água. Eles são anfíbios, ou seja, podem viver na água ou na terra.

Ninho das cigarrinhas

Alguns animais que vivem na água ou perto dela precisam subir à superfície para respirar.

Outros têm brânquias e respiram debaixo da água.

Sapos gostam de locais molhados

# Animais podem construir coisas?

Sim, alguns animais são ótimos construtores e podem fazer superestruturas.

① *Um aro de grama...*

② *... vira uma bola...*

③ *... e depois, uma casa.*

## Qual ave constrói o melhor ninho?

Um tecelão faz o ninho costurando ramos de grama, depois colocando penas dentro para ter uma cama macia. Ele canta para dizer à companheira que ela já pode botar os ovos lá.

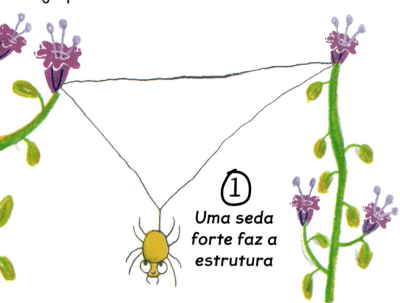

① *Uma seda forte faz a estrutura*

② *Uma seda pegajosa é usada na espiral*

## Por que aranhas fazem teias?

Para capturar moscas. Uma aranha produz a seda em seu corpo e depois a transforma em uma teia.

# Quem ama lama?

Milhões de cupins amam! Eles constroem suas enormes casas com lama. Um grupo de cupins que vive junto é chamado de colônia, e sua casa pode durar anos.

*Há passagens, túneis e lugares para armazenar comida*

*Um cupinzeiro pode ter mais de 2 metros de altura!*

LAR DOCE LAR

*Uma única rainha põe todos os ovos*

27

# Para que servem mães e pais?

Alguns filhotes cuidam de si mesmos, mas muitos precisam de mães e pais para ter comida e segurança.

## Onde os pinguins deixam os ovos?

Pinguins-imperadores como nós protegem os ovos do gelo segurando-os nos pés. A pele da nossa barriga é coberta de penas macias para manter nossos filhotes aquecidos.

## Como um filhote de orca dorme?

Os filhotes de orca podem nadar assim que nascem e dormem enquanto nadam! As orcas podem descansar metade de seu cérebro por vez. A outra metade fica bem acordada.

*Uma orca bebê é chamada de filhote*

# Filhotes bebem leite?

Sim, animais peludos são chamados de mamíferos e alimentam seus filhotes com leite. Uma mãe urso-polar cuida dos filhotes em uma caverna de neve durante o longo inverno.

ZZZZZZ

Você prefere ter orcas, pinguins ou ursos-polares como pais?

# Um monte de perguntas

## Os tubarões são os animais mais perigosos?
Não, pois geralmente não atacam pessoas. Cobras, burros e cães machucam mais pessoas que os tubarões!

## Um lagarto pode correr sobre a água?
Um basilisco pode. Ele corre muito rápido e usa os pés e cauda grandes para ajudá-lo a se equilibrar em cima da água.

## Como uma lula foge de um tubarão faminto?
Uma lula esguicha jatos d'água e se afasta! Os jatos empurram a lula para a frente. Isso é chamado de propulsão a jato.

## Por que a água-viva é toda molenga?
A água-viva não tem ossos e seu corpo é cheio de água, como uma geleia!

## Todos os animais têm ossos?
Mamíferos, aves, répteis, anfíbios e peixes têm ossos. Todos os outros animais – incluindo insetos, caranguejos e polvos – não.

## O que é veneno?
Veneno é uma substância tóxica que animais peçonhentos podem injetar em outros seres usando presas, garras, espinhos ou picadas. Eles o usam para se defender ou matar animais para comer.

## O morcego é uma ave?

Não, é um mamífero voador. O morcego é o único mamífero que voa.

## Como os animais planam?

Dracos, rãs-planadoras e esquilos-voadores têm grandes abas de pele que eles esticam antes de pular de uma árvore. A pele funciona como um paraquedas para ajudá-los a planar e pousar suavemente.

## Os camelos mantêm água nas corcovas?

Não. A corcova está cheia de gordura, não de água.

## O leão ronrona?

Grandes felinos rugem, mas não ronronam; gatinhos fazem o contrário. Grandes felinos às vezes fazem um barulho como um ronronar!

## Qual é a menor ave?

O beija-flor-abelha. Ele é menor que seu polegar. Já o avestruz é a maior ave de que se tem notícia.

## Quantos animais existem no mundo?

Ninguém sabe, mas há bilhões de formigas, então devem ser muitos!